SOCIÉTÉ DE LA LIBRE-PENSÉE DU Vᵉ ARRONDISSEMENT

(GROUPE ÉTIENNE-DOLET)

ÉTIENNE DOLET

SA VIE, SES ŒUVRES, SON MARTYRE

CONFÉRENCE FAITE LE 18 MAI 1889

A LA MAIRIE DU Vᵉ ARRONDISSEMENT

A L'OCCASION DE

L'INAUGURATION DE LA STATUE D'ÉTIENNE DOLET

SUR LA PLACE MAUBERT

Par le citoyen Bourneville

DÉPUTÉ DE LA SEINE

PARIS

SIÈGE DE LA LIBRE-PENSÉE DU Vᵉ ARRONDISSEMENT

(Groupe Étienne Dolet)

29, RUE DE JUSSIEU, 29

ÉTIENNE DOLET

LE MARTYR DE LA RENAISSANCE

CITOYENNES, CITOYENS,

La *Société de la Libre-Pensée du V⁰ arrondissement*, qui a pris pour sous-titre « *Groupe Etienne-Dolet* », a considéré comme un devoir de contribuer pour sa part à l'hommage qui doit être rendu à la mémoire de cette victime de la religion catholique, en faisant appel à toutes les sociétés de la Libre-Pensée de Paris et de la province, en organisant une fête et une réception. Elle a pensé aussi que, comme prologue à la cérémonie officielle qui doit avoir lieu demain, — l'*Inauguration de la statue d'Etienne Dolet*, — il convenait de rappeler, dans une conférence publique, sinon l'histoire détaillée d'Etienne Dolet, au moins les traits principaux de sa vie; d'exposer les motifs qui lui ont valu et la torture et le supplice du bûcher, et qui, aujourd'hui, à très juste titre, valent à sa mémoire les honneurs qui vont lui être rendus. Nos amis de la *Société de la Libre-Pensée du V⁰ arrondissement* ont bien voulu me désigner pour cette tâche, je les en remercie et je vais m'efforcer de mériter la confiance qu'ils m'ont témoignée.

I

Les événements dont je vais vous entretenir, la vie dont je vais vous raconter les principaux épisodes, se sont passés durant le second quart du xvi° siècle : 1521-1546. Un mot du milieu.

Le « *Roy* », c'est François 1ᵉʳ, surnommé le Restaurateur des Lettres, né en 1498, roi en 1515, mort en 1547.

L'*Époque*, c'est celle qui a reçu dans l'histoire le nom de *Renaissance*; c'est celle du mouvement contre le catholicisme, les abus et les crimes commis par le clergé et les moines, la *Réforme*.

Les *Hommes*, ce sont Luther et Rabelais, nés tous deux en 1483; Calvin (1509-1564), Erasme, Longueuil, Bembo, Budé, prévôt des marchands (1467-1540), le créateur du collège des Trois-Langues ou du Collège de France (vers 1530) (1); Bérauld, Clément Marot (1495-1544), et tant d'autres; c'est notre Estienne Dolet.

« Pour les hommes de la Renaissance, dit M. Richard Copley Christie, l'un des plus savants biographes d'Etienne Dolet, la religion, le christianisme, l'Eglise catholique représentait... tout ce qui était odieux, tout ce qui était contraire à la liberté de pensée, à la liberté d'action, tout ce qui, au point de vue religieux, était brutal et cruel. Et au point de vue mondain, tout ce qui était vil et immoral (2). »

ETIENNE DOLET naquit la même année que Calvin, en 1509, à Orléans, probablement le 3 août.

On ne sait rien de précis sur sa famille. Attaqué plus tard au sujet de ses ascendants, il se défendit contre ses envieux de manière à prouver qu'il était issu d'une famille honnête. D'ailleurs il considérait comme plus glorieux « de se donner un nom par ses talents que de le devoir à la renommée de ses pères (3) ».

---

1. La Sorbonne protesta contre cette création, parce qu'on y enseignait le *grec* et l'*hébreu*, que le grec est la *langue des hérésies* et que l'hébreu mène à judaïser.
2. *Etienne Dolet, le martyr de la Renaissance, sa vie et sa mort*, par Richard Copley Christie; ouvrage traduit de l'anglais sous la direction de l'auteur par C. Stryienski, professeur agrégé de l'Université, Paris, Fischbacher, 1886.
3. Amelot de la Houssaye a avancé que Dolet était fils naturel de François 1ᵉʳ et d'une Orléanaise nommée Cureau; ce fait est inadmissible, car François 1ᵉʳ, né en 1494, eût été vraiment trop précoce.

Quoi qu'il en soit, Dolet paraît avoir perdu ses parents de bonne heure et avoir été aidé par quelques hauts et puissants protecteurs.

Il vint à Paris en 1521 pour étudier les belles-lettres et suivit, en 1525, les cours de Nicolas Bérauld, originaire, lui aussi, d'Orléans et l'un des plus illustres professeurs de l'époque, précepteur des trois Coligny. Bérauld était un helléniste et un latiniste éminent, un cicéronien enthousiaste, un ami de tous les progrès intellectuels ; il avait un esprit tolérant et libéral ; aussi était-il détesté à la fois des catholiques et des calvinistes. Bérauld exerça une grande influence sur son élève au point de vue des idées philosophiques et littéraires : c'est en effet à ce moment que Dolet s'enthousiasma pour Cicéron, l'idole de la plupart des savants de la Renaissance et conçut l'idée du grand ouvrage qu'il devait publier plus tard sous le titre : *Commentaires sur la langue latine.*

A dix sept ans, Dolet se rendit à Padoue dont l'Université brillait d'un vif éclat et où l'on trouvait une indépendance et une liberté philosophique partout ailleurs inconnues. A son arrivée, la célébrité et l'influence de Pomponatius, qui discutait sans contrainte l'immortalité de l'âme, étaient à leur apogée. Pendant trois années, Dolet s'associa aux disciples de Pomponatius et se pénétra de ses doctrines matérialistes, qui se trouvaient compléter en quelque sorte, en les agrandissant, les idées qu'il avait puisées dans l'enseignement de Bérauld (1). Cette double influence mérite d'être spécialement signalée, car nous en retrouverons les marques dans tous les écrits de Dolet.

Mais, de tous les professeurs de l'Université de Padoue, ce fut Simon de Villeneuve, professeur d'éloquence latine, successeur de Longueuil, le chef des Cicéroniens, que Dolet eût surtout pour maître et auquel il attribue, dans ses œuvres, la pureté de son style et ses succès oratoires.

Une vive amitié, née d'une commune admiration pour Cicéron et la Littérature ancienne, unissaient le maître à l'élève. Simon de Villeneuve mourut en 1530. Dolet en fut profondément affligé et

---

1. R. C. Christie, *loc. cit.*, p. 25.

exprima sa douleur dans une épitaphe et plusieurs de ses poésies qui permettent de dire, contrairement à ses calomniateurs, que Dolet était doué des meilleurs sentiments. Le séjour de Padoue lui était devenu pénible et il songeait à revenir en France quand Jean de Langeac, évêque de Limoges, qui se rendait à Venise en qualité d'ambassadeur, le décida à l'accompagner comme secrétaire. Les grands d'alors, vous le savez, prenaient souvent, à ce titre, des hommes remarquables par leur savoir : Rabelais accompagna l'évêque de Paris, Jean du Bellay, à Rome ; Clément Marot suivit le duc d'Alençon ; Budé fut chargé de missions diplomatiques.

A Venise, Dolet devint le disciple d'Egnazio qui expliquait le *De Officiis* de Cicéron et le poème de Lucrèce.

Tout en suivant les leçons de Simon de Villeneuve, puis celles d'Egnazio, Dolet continuait à rassembler les documents qui devaient lui servir à écrire ses *Commentaires sur la langue latine*.

Pendant son séjour dans la cité des Doges, Dolet s'enamoura d'une jeune Vénitienne, Elena, qui inspira plus d'une fois sa muse latine. Cet amour ne fut pas de longue durée. Elena mourut. Dolet la pleura dans ses vers, comme il avait pleuré son maître, et comme à son maître lui consacra une épitaphe.

II

Dolet ne resta qu'un an à Venise, la mission de Langeac ayant pris fin, et revint en France. Sur les conseils de son maître, qui, avant d'être évêque, avait été conseiller-clerc au parlement de Toulouse, il se rendit à l'université de cette ville pour y étudier le droit. Malgré ses inclinations vers les études littéraires, il céda quoiqu'à regret, assuré d'ailleurs du concours matériel de Langeac. C'était en 1531.

L'Ecole de droit de Toulouse jouissait d'une grande réputation. Le milieu dans lequel Dolet allait passer deux années et se créer, à côté d'excellentes amitiés, qui ne l'abandonnèrent jamais, des ennemis irréconciliables qui l'ont poursuivi jusqu'au bûcher de la place Maubert, était bien différent du milieu qu'il venait de quitter.

« Padoue était le refuge de la liberté de penser, aucune barrière n'y venait entraver les spéculations des savants, les plus profonds problèmes intellectuels étaient discutés par eux avec une franchise qui, si elle conduisait parfois à des conclusions peu raisonnables, n'en montrait pas moins une grande abondance de vie et de vigueur (1). »

Toulouse, au contraire, qui, autrefois, avait été la ville la plus éclairée de la Gaule, « depuis trois siècles, était le quartier général de la bigoterie, de la tyrannie ecclésiastique et de la superstition (2). C'était le lieu de naissance de l'Inquisition et, en France, le siège principal de cette institution qui avait accompli sa tâche avec tant de succès, que le Parlement, l'Université, les capitouls et la populace luttaient à qui serait ses plus fidèles serviteurs (3). »

Rabelais, dans son livre immortel, fait promener son héros, Pentagruel, parmi les universités de France et parle ainsi de celle de Toulouse :

« De là vint à Thoulouse, ou apprint fort bien à danser, et a iouer de l'espee a deux mains, comme est l'usance des escholiers de ladicte uniuersite : mais il n'y demoura gueres, quand il veit qu'ilz faiseyent brusler leurs regens tous vifz comme harans screlz (4) ».

Il s'agit de Jean de Caturce qui fut brûlé vif en 1532.

Quelques hommes pourtant, faisant exception, désiraient voir les sciences et les lettres prospérer et contrastaient par leurs idées d'humanité et de tolérance avec la majorité des membres du Parlement et de l'Université et avec le plus grand nombre des étudiants et des habitants. Ceux-là devinrent les amis de Dolet et le soutinrent toujours dans la mauvaise fortune: nous citerons Jean de Pins (5), évêque de Rieux, Arnould le Perron, Jean de Caturce, Simon Finet, Jean de Boyssone et Claude Cottereau.

Pour rendre plus compréhensible le récit des malheurs qui

---

1. R. C. Christie, *loc. cit.*, p. 47.
2. « Ce fut à Toulouse que saint Dominique fonda cet ordre célèbre qui, s'il n'a pas réussi à anéantir complètement l'hérésie, n'a reculé devant aucune cruauté, devant aucune infamie pour y arriver. » (R. C. Christie, *loc. cit.*, p. 50).
— « Après la place Maubert, il n'y a pas d'endroit en France où, à l'époque de la Réforme, on brûla autant de gens éminents que sur la place de Salins, à Toulouse (*Ibid.*, p. 50).
3. R. C. Christie, *loc. cit.*, p. 45-46.
4. Rabelais, *Pantagruel*, liv. 11, chap. V.
5. Quoique évêque, il fut accusé d'hérésie à propos d'une lettre que lui avait adressée Erasme et qui fut interceptée. Les *chats fourrés* ou les *vulturii Togati*, comme les appelle Dolet, échouèrent dans leur honteuse persécution que rien, dans la lettre, ne justifiait.

frappèrent Dolet dans la cité toulousaine, quelques explications sur les habitudes des étudiants de cette époque ne seront pas superflues.

Le renom de l'école de Toulouse attirait dans cette ville une multitude de jeunes gens de tous les pays. Naturellement, les étudiants du même pays s'étaient groupés, avaient formé des Sociétés. « Les Français avaient fait une association ; les Gascons en firent une autre ; bientôt les Anglais, les Espagnols et tous les étrangers imitèrent leur exemple. » Ces Sociétés avaient un chef qui convoquait ses compatriotes, leur servait de conseil et de défenseur. Chaque Société avait un patron et, le jour de sa fête, un orateur, choisi par elle, « prononçait un discours dans lequel il louait publiquement ceux de ses confrères que la mort avait emportés » (1).

Quelques désordres étant survenus, le Parlement de Toulouse, ombrageux, en profita pour publier un arrêt interdisant les associations en masse. A l'arrivée de Dolet, l'interdiction avait déjà été formulée. Malgré cela, les Français étaient restés groupés. Dolet fut élu orateur et le 9 octobre 1532 (2), il prononça en public une harangue « dans laquelle il louait les heureuses qualités des Français et frondait l'arrêt que le Parlement de Toulouse avait rendu précédemment contre les Sociétés d'étudiants ». Il se moqua des superstitions des Toulousains, et, emporté par son zèle, il accusa Toulouse de barbarie.

« A moins de vivre exilé à l'autre bout du monde, s'écriait-il dans son audacieuse catilinaire, personne n'ignore quelle affluence de jeunes gens et d'hommes de tout âge l'étude du droit attire à Toulouse, des pays les plus divers et les plus éloignés. Et puisque, arrachés des bras qui leur sont chers, ils se trouvent en présence de visages étrangers, puisqu'ils ont quitté le toit natal pour des demeures inconnues, et la société des humains pour celle des barbares (au fait, pourquoi hésiterais-je à les stigmatiser du nom de barbares, ceux qui préfèrent la sauvagerie primitive à la *libre pensée* qui crée l'homme?) ; enfin, puisqu'ils ont émigré d'amis à ennemis, le consentement unanime des dieux immortels et des hommes n'approuve t-il pas que l'amour de la patrie,

---

1. Née de la Rochelle, *Vie d'Etienne Dolet, imprimeur à Lyon.* Paris, 1779, p. 6.
2. Episode des Jeux floraux (Voir Boulmier, *Estienne Dolet, sa vie, ses œuvres, son martyre*, p. 61).

que cette tendresse réciproque qui date du berceau, s'établisse entre eux de Français à Français, d'Italien à Italien, d'Espagnol à Espagnol? N'ont-ils pas le droit, au nom de cet amour éternel, de s'unir, de s'embrasser, de ne former respectivement qu'un seul corps? Non!... Car là-dessus le Parlement s'inquiète, Toulouse tout entière est en ébullition. De là viennent ces tragédies dont nous sommes les héros, de là ces décrets officiels qui nous poursuivent, de là ces sentences prétoriennes qui nous accablent. Et quel est notre crime, après tout? Notre crime, c'est de nous unir, de vivre ensemble comme bons compagnons, de nous secourir mutuellement comme frères. Dieux immortels! dans quel pays sommes-nous? La grossièreté des Scythes, la monstrueuse barbarie des Gètes, ont-elles fait irruption dans cette ville, pour que les pestes humaines qui l'habitent, haïssent, persécutent et proscrivent ainsi la sainte pensée (1)? »

Redoublant d'énergie et de colère, à mesure qu'il avançait dans son discours, s'enivrant pour ainsi dire de ses propres paroles, et comme fouetté sans cesse par le bruit des applaudissements, Dolet continuait en ces termes :

« Ne reconnaissez-vous pas, à cette marque, la grossièreté manifeste, la méchanceté scandaleuse de ces gens-là? Ce foyer de mutuel amour que la nature avive sans cesse dans nos cœurs, ils ont voulu l'éteindre; cette *fraternité* que les dieux mêmes nous inspirent, ils ont voulu l'étouffer; ce droit de *libre réunion* que toutes les sympathies nous accordent, ils ont voulu l'anéantir! S'il faut proscrire impitoyablement toute association d'étrangers, pourquoi donc, en vertu d'un arbitraire et d'une tyrannie semblables, ces mêmes associations ne sont-elles point prohibées à Rome et à Venise? Bien au contraire, à Venise comme à Rome, Français, Allemands, Anglais, Espagnols, Dalmates et Tartares, ceux mêmes dont la croyance est diamétralement opposée à la nôtre, Turcs, Juifs, Arabes ou Mores, enfin les représentants de toutes les races du monde, conservent intactes leurs lois et leurs franchises nationales et se réunissent librement et sans blâme. Malgré la divergence radicale des opinions religieuses, les nations que nous appelons barbares observent envers nous le même droit des gens : les Turcs, notamment, laissent les chrétiens s'assembler entre eux sans la moindre opposition; ils ne font violence à personne; ils souffrent que les étrangers s'organisent à part, et leur permettent de se régir eux-mêmes d'après une législation spéciale. Il n'en est pas ainsi des magistrats toulousains : nous pratiquons avec eux la même religion; nous vivons soumis au même gouvernement; nous parlons à peu près la même langue (2). Eh bien! toutes ces considérations ne les empêchent pas de nous traiter en étrangers, que dis-je? en ennemis! et de

---

1. *Doleti in Thol. orat. prima*, p. 6 et 7.
2. Les Toulousains parlaient la *langue d'oc*; Étienne parlait la *langue d'oïl*.

nous interdire, contre toute justice divine et humaine, le privilège de l'association, le bonheur de l'amitié.

« Qui ne verrait dans de semblables actes des hallucinations de gens ivres plutôt que de sobres décisions, des accès de folie furieuse plutôt que des oracles de sagesse? Qu'ils nous produisent donc, ces superbes autocrates qui s'arrogent une autorité absolue dans l'empire du droit, soit une loi des Douze Tables, soit un article des coutumes provinciales, soit un sénatus-consulte emprunté aux cinquante livres des Pandectes ou au volumineux Recueil de Justinien, soit un plébiciste, soit un décret prétorien, soit un rescrit de jurisconsulte, soit enfin un édit royal, qui jamais ait prohibé une amicale et honorable corporation (1) ».

Simon Finet, ami intime de Dolet, témoin oculaire, nous a laissé dans une lettre à Cottereau, leur ami commun, l'expression de l'effet produit sur les auditeurs par le discours de Dolet.

« Comme orateur, écrit-il, nostre Estienne est hors de pair. Son débit fait succéder tour à tour la douceur et la gravité; geste éloquent, physionomie expressive, organe d'une souplesse variée comme le sujet, il a tout pour lui. A quoi bon insister là-dessus? Vous l'avez entendu vous-même, tonnant du haut de sa tribune; et vous savez aussi bien que moi quel silence d'admiration planait alors sur tout l'auditoire! (2) »

Un certain Pierre Pinache releva l'attaque et, parlant pour les Toulousains, défendit la dignité de sa patrie, ses compatriotes et le Parlement. Mais, dépassant la mesure, il dénonça Dolet comme un séditieux qui avait manqué de respect au Parlement. Cette dénonciation, les calomnies qui suivirent, eurent bientôt leur effet et le 25 mars 1533, Dolet fut mis en prison : c'était la première fois.

Grâce au crédit de Jacques de Minut, président au Parlement de Toulouse, sollicité par Jean de Pins, évêque de Rieux, il fut mis en liberté au bout de quelques jours.

Bientôt, ses adversaires attentèrent à ses jours, à l'aide d'assassins soudoyés. Ils publièrent des libelles outrageants, firent promener sur un char dans les rues de Toulouse, un cochon portant un écriteau où l'on avait mis le nom de Dolet. Le séjour de Toulouse devenait dangereux. Dolet se retira dans une campagne assez éloignée de la ville, non sans avoir lancé quelques épigrammes à ses ennemis : A Pinache d'abord, puis au juge Dampmartin, enfin à Gratien du Pont, sieur de Drusac, qui venait de

---

1. *Orat. prima in Thol.*, p. 9 et 10.
2. Voir Boulmier, *loc. cit.*, note, p. 32.

composer les *Controverses du sexe masculin et féminin*, ouvrage dans lequel il traitait fort mal la plus belle moitié du genre humain. « Dolet prit en main la défense des dames et tonna de toutes ses foudres épigrammatiques contre ces crimes de lèse-beauté. »

Les dames de Toulouse, paraît-il, lui en surent gré ; on le regrettait à la ville ; mais ses ennemis, et surtout Drusac, exaspérés de plus en plus, obtinrent un décret défendant à Dolet de rentrer dans Toulouse. Il se décida à partir pour Lyon où il arriva le 1er août 1533, dans un état de santé presque désespéré, et qui l'avait déjà obligé de s'arrêter quelques jours à Puy-en-Velay.

Il rendit visite à Sébastien Gryphe, imprimeur célèbre, auquel il avait été recommandé par son ami Jean Boyssoné. Ce fut chez Gryphe que furent imprimés ses harangues contre Toulouse, accompagnées de quelques autres opuscules.

C'est tandis que Dolet rétablissait sa santé délabrée par les fièvres intermittentes, à la campagne, aux environs de Lyon que les *Harangues* virent le jour. Dans quelles circonstances? Simon Finet, dit Finetius, son fidèle ami, nous l'apprend dans une lettre au chanoine Cottereau, dont nous extrayons le passage suivant :

« Mais moi, je n'ai pu souffrir que la maladie importune reculât plus longtemps la réparation due à l'honneur de mon ami ; je n'ai pu voir ses infâmes persécuteurs se targuer plus longtemps de leur impunité. Apprenez donc à quelle résolution je me suis arrêté, pour défendre la réputation d'un homme que j'aime, et décidez ensuite quelle part d'éloge ou de blâme il doit m'en revenir. Vous connaissez comme moi les deux discours qu'il a prononcés à Toulouse, au milieu d'une affluence d'auditeurs telle, que nul orateur de nos jours ne peut se flatter d'en avoir jamais réuni de semblable. Vous savez, en outre, qu'il n'y traitait point un sujet en l'air, mais un thème réel et que les circonstances avaient eu soin de lui fournir. Eh bien ! ces deux discours, je les ai *secrètement dérobés* à leur auteur ; je les ai enrichis, *toujours furtivement*, de deux livres supplémentaires, composés d'épîtres latines qui cadrent à merveille avec les discours en question ; puis, comme une proie si riche redoublait mon avidité, j'ai recueilli, par la même occasion, deux livres de ses poésies latines, et j'ai publié le tout *à l'insu et sans l'avis de l'auteur.* »

Dolet, on le voit par les citations que nous avons données, était loin d'être patient. Si l'on songe qu'il était jeune, ardent, passionné ; si l'on se souvient des railleries, des injures, des calomnies dont l'avaient abreuvé les Toulousains ; de la tentative d'assassinat dont il avait été l'objet, on comprend sans peine, que, hors de danger, il ait accumulé dans sa seconde harangue les traits les plus mortifiants, les plus acerbes, souvent même d'une extrême violence — ne l'avait-on pas précédé dans cette voie, — contre Pinache et ses compagnons, contre les fanatiques habitants de Toulouse, quelques-uns de ses magistrats, par exemple le juge Dampmartin, et surtout contre l'ennemi des femmes, le sieur de Drusac, homme vindicatif et sans doute l'auteur principal des malheurs et des chagrins de Dolet.

Dolet se décida à renoncer au droit et à reprendre ses études latines. Dans ce but, il quitta Lyon et se rendit à Paris où il arriva le 15 octobre 1534. C'était l'année où Ignace de Loyola posait, dans la chapelle souterraine de l'ancienne abbaye de Montmartre, les bases de la *Compagnie de Jésus*. C'est à Paris qu'Étienne Dolet composa son dialogue : *De imitatione ciceroniana adversus Desiderium Erasmum, pro Christophoro Longolio* (1), qui lui attira la haine d'Erasme et de Scaliger. Voici comment :

Nous avons dit combien les savants de la Renaissance avaient d'admiration pour Cicéron; nous avons cité en tête Longueuil qui avait, affirmait-on, réussi à imiter le style de Cicéron. Erasme, l'un des savants les plus illustres de son temps, se moqua des exagérations parfois ridicules des Cicéroniens et malmena vivement Longueuil, leur chef. Longueuil étant mort, sa cause et sa mémoire furent défendus par Scaliger. Dolet, prenant à son tour, trois ans plus tard, la défense des Cicéroniens, mécontenta Scaliger qui estimait sa réponse décisive et qui, quand il avait traité un sujet, ne permettait plus que le silence et l'admiration. D'ami de Dolet, il devint l'un de ses ennemis les plus acharnés. « Depuis ce temps, écrit Maittaire, Scaliger ne cessa de poursuivre Dolet par des calomnies, qu'il ne se mit pas en peine de réfuter, car l'emportement de ce critique contre lui avait quelque chose de *si outré* et de *si brutal*, qu'on ne doit pas s'étonner du mépris qu'il en a fait. »

Mais la grande préoccupation de Dolet, c'était d'achever la com-

---

1. Imprimé par S. Gryphe, à Lyon, en 1535.

position de ses *Commentaires sur la langue latine*, dont il avait conçu l'idée depuis l'âge de seize ans, et d'obtenir le privilège royal autorisant l'impression. Le moment n'était pas favorable. François Ier était en proie à un de ces accès de piété durant lesquels on lui faisait croire qu'il rachèterait ses fautes en persécutant les hérétiques et en persécutant les savants et les littérateurs, toujours suspects d'indépendance d'esprit. Profitant de ce que des placards attaquant avec violence le clergé catholique avaient été apposés dans les rues de Paris et même sur les murs de la demeure royale, les docteurs de la Sorbonne demandaient au roi rien moins que la suppression de l'imprimerie, cet art diabolique qui permettait la diffusion des livres dangereux. La persécution contre les hérétiques devint telle, que, en quelques mois, du 10 novembre 1534 au 5 mai 1535, 22 personnes furent brûlées pour hérésie sur la place Maubert. Le 13 janvier 1535, des lettres patentes furent signées, par lesquelles François Ier, ce *protecteur* des lettres qui, suivant la remarque de M. Crapelet, mériterait mieux le nom de *proscripteur des lettres*, défendait à toute personne, sous peine de mort, d'imprimer n'importe quel livre en France et faisait fermer les boutiques des libraires sous peine du même châtiment. Cela ne faisait pas les affaires de Dolet.

« Je ne peux, dit-il, passer sous silence la méchanceté de ces misérables qui, méditant la destruction de la littérature et des hommes de lettres, ont voulu dans notre temps supprimer et anéantir l'exercice de l'art typographique..... Ce complot abominable et méchant des sophistes et des ivrognes de la Sorbonne a été réduit à néant grâce à la sagesse et à la prudence de Guillaume Budé, la lumière de son siècle, et grâce à Jean de Bellay, évêque de Paris, homme aussi remarquable par son haut rang que par sa valeur personnelle (1). »

Dolet semble avoir ignoré que l'édit d'interdiction avait été en réalité promulgué. Les démarches de ses amis n'obtinrent d'ailleurs aucun résultat. On le soupçonnait déjà sinon d'être hérétique, au moins, ce qui ne valait guère mieux pour l'époque, d'être un athée. Il repartit pour Lyon au commencement de 1535. C'est alors qu'il fit imprimer chez Sébastien Gryphe son dialogue de *Imitatione Ciceroniana*, etc. A peine son dialogue était-il paru, qu'il entreprit l'impression de son premier volume des

---

1. *Commentaria*, tome I, p. 256.

Commentaires, espérant qu'il verrait bientôt apparaître le jour propice. C'est aussi durant cette année et les deux qui suivirent que Dolet fut le collaborateur de Simon Gryphe, de François Juste et de Scipion de Gabiano, imprimeurs-libraires à Lyon, chez lesquels il surveilla l'impression de divers ouvrages français ou latins qu'il fit précéder parfois de préfaces ; c'est ce qui a fait supposer à quelques uns de ses biographes qu'il avait exercé la profession de correcteur, en particulier chez Simon Gryphe.

— Une nouvelle guerre ayant éclaté entre Charles-Quint et François Ier, dans les premiers mois de l'année 1536, celui-ci, pour se rendre les protestants Suisses et les Allemands, favorables, fit cesser les persécutions religieuses et, afin d'être plus près du siège des hostilités, se rendit à Lyon. Sébastien Gryphe et les amis de Dolet en profitèrent pour obtenir le privilège si impatiemment attendu (21 mars 1536). Peu après, le tome premier des *Commentaires* était livré au public. Il suscita aussitôt de vives récriminations. François Floridus Sabinus, lui qui écrivait plus tard que la prison était la patrie de Dolet, accusa hautement l'auteur de plagiat ; d'autres prétendirent qu'il avait volé le manuscrit à Simon de Villeneuve, tandis que, en réalité, Dolet avait conçu l'idée de son ouvrage et recueilli déjà des matériaux avant son voyage en Italie. Charles Estienne prétendit que Dolet avait copié dans l'article de ses *Commentaires* où il est traité de la navigation, l'ouvrage que Lazare de Baïf venait de publier sur la même matière. Baïf ne se plaignit de rien, mais ses amis s'étaient laissé emporter par un zèle intempestif.

Pour se disculper, Dolet fit imprimer séparément l'article d'où naissait l'accusation, avec une défense contre son délateur adressée à Baïf lui-même. Il reconnaît que, lorsqu'il a fait des recherches sur les noms et les parties des vaisseaux, il en a expliqué plusieurs en se servant des propres mots de Baïf ou de termes approchant. Est-ce là un vol ? « Non, dit-il, à moins qu'on ne veuille accuser de pareil crime, Budé, Érasme, etc., car tous ceux qui composent des commentaires et des dictionnaires ou qui traduisent quelque ouvrage, ne tirant presque rien d'eux-mêmes, sont forcés d'emprunter tout des autres. »

Toutefois Dolet eut le tort, dans sa défense, de se laisser emporter par la colère ; car, ainsi qu'il l'a reconnu lui-même, Charles

Estienne était un homme docte, diligent, érudit. Qu'il nous soit permis cependant de faire remarquer que Charles Estienne avait été l'agresseur.

Ici se place un événement grave qui fournit un nouveau moyen d'action aux ennemis de Dolet.

Le 31 décembre 1536, Dolet, en cas de légitime défense, tue un peintre, du nom de Henri Guillot, dit Compaing, son ennemi mortel. Une accusation capitale fut lancée contre Dolet. Il prévint son arrestation et se rendit en toute hâte à Paris auprès de ses amis et de ses protecteurs, espérant par leur intermédiaire obtenir sa grâce. Dans le but de faciliter leur tâche, il adressa à François Ier une pièce de vers latins où il exposa sa malheureuse aventure de la façon la plus pathétique. Le roi lui accorda sa protection et lui donna l'ordre de retourner à Lyon.

Pour célébrer l'heureuse issue de cette malencontreuse et triste aventure, les amis de Dolet décidèrent de lui offrir un banquet dont il nous a laissé lui-même la narration.

« Le jour du banquet, qu'une docte réunion d'amis préparait pour moi, arriva bientôt. On vit là réunis tous ceux que nous appelons, à bon droit, les lumières de la France : Budé, si réputé pour sa science variée et étendue; Berauld, aussi heureusement doué par la nature qu'habile dans la composition latine; Danès, qui se distingue par sa culture générale; Toussaint, qui passe à si juste titre pour une bibliothèque parlante; Macrin, à qui Apollon a donné le don de tous les genres poétiques; Bourbon, également très habile en poésie; Dampierre; Marot, ce Marot Français, qui montre une vigueur divine dans ses vers; François Rabelais, l'honneur et la gloire de l'art de la médecine, qui peut rappeler et rendre à la vie ceux qui sont déjà arrivés au seuil même de Pluton.

« Parmi ces gens, la conversation ne languit pas. Nous passâmes en revue les savants étrangers : Erasme, Mélanchton, Bembo, Sadolet, Vida, Sannazar furent tour à tour discutés et loués.

« Le lendemain matin, au point du jour, je quittai Paris, et je me rendis aussi rapidement que possible à Lyon. Ma route traversait le pays qu'arrose la Seine, là où les armures de César ont si souvent ébloui les yeux de ses troupes invincibles. Enfin, j'arrivai à l'endroit où la Saône partage la ville de Lyon. »

En dépit de la protection du roi, dès son arrivée, Dolet fut obligé, par ordre du Parlement, de se rendre en prison : c'était la seconde fois. Il n'en sortit qu'après avoir adressé plusieurs requêtes au cardinal de Tournon, « régent du royaume », pendant que François Ier marchait à la tête de ses armées. Son emprisonnement avait duré deux mois environ. A sa sortie de prison, il acheva de faire imprimer chez Gryphe le second volume de ses *Commentaires sur la langue latine* qui parut en 1538.

Depuis un an (6 mars 1537), Dolet avait obtenu, ainsi que nous l'avons vu, un privilège royal lui permettant d'imprimer ou de faire imprimer pendant dix ans « tous les livres par luy composez et traduits et aultres œuvres des auteurs modernes et antiques ». Voici comment il entendait exercer son nouveau métier :

« J'augmenterai de toutes mes forces les richesses littéraires, disait Dolet (1), et j'ai résolu de m'attacher non seulement les mânes sacrées des anciens, en imprimant avec exactitude leurs ouvrages et d'accorder mon travail et mon industrie aux écrits de mes contemporains ; mais autant j'accueillerai les ouvrages des auteurs classiques, autant je dédaignerai les livres froids et mal digérés de quelques écrivailleurs qui font la honte de leur siècle. Ainsi donc, je ne donnerai mes soins qu'aux écrits des auteurs savants et dignes de ce nom, soit qu'ils soient morts ou qu'ils vivent. »

Dolet tint en effet sa parole, suivant Née de la Rochelle lui-même, auteur et libraire, et presque tous les ouvrages que sa presse fit éclore proviennent d'auteurs estimables et considérés (2).

. . . .

En 1538, Dolet publia une seconde édition des œuvres de son ami Clément Marot de Cahors, valet de chambre du roy et une brochure de 40 pages intitulée *Cato Christianus*, en réponse au cardinal Sadolet qui lui reprochait de ne jamais parler de religion dans ses livres. Cette même année, Dolet se maria, ce dont quelques-uns le blâmèrent, parce que son mariage pouvait détruire ou reculer les espérances de fortune que ses talents auraient réalisés. L'année suivante, il devint père d'un fils que l'on nomma Claude, du nom de son parrain, Claude Cottereau (3).

---

1. Voir sa lettre « au devant de l'ouvrage de Claude Cottereau, de *Jure militiæ*, Lugduni, apud Doletum, 1539, in-fol.
2. Née de la Rochelle, *loc. cit.*, p. 26.
3. A ce propos, Dolet publia d'abord en latin, puis en français, un petit opuscule intitulé : *L'avant-naissance de Claude Dolet, fils de Estienne Dolet : premièrement composée en latin par le père, et maintenant par ung sien amy, traduicte en langue Françoise. Œuvre très utile et nécessaire à la vie commune ; contenant comme l'homme se doibt gouverner en ce monde.* (Marque sans bordure, mais avec devise). A Lyon, chez Estienne Dolet, M. D. XXXIX. Avec privileige pour dix ans.

A l'occasion du baptême de son fils, il composa une pièce de vers latins qui servit d'occasion à Calvin pour l'accuser de *blasphème*. Il n'y parlait pas de Jésus-Christ et de ses ministres : cette omission était chose grave. Il parlait d'un Dieu et non des trois personnes, ce qui, paraît-il, n'était pas moins grave.

C'est à ce moment très court qu'il y a eu dans la vie de Dolet, un peu de bonheur. Tout en s'occupant sérieusement de son imprimerie, il composait encore de petits ouvrages latins ou français, en vers ou en prose. Il s'acquittait au moins en partie de la promesse qu'il avait faite à François I*er*, d'écrire « *en style élégant, élevé, l'histoire de son temps* ». Enfin, il était heureux de sa vie de famille, de la naissance de son fils Claude.

Ce bonheur fut interrompu par Fr. Floridus Sabinus qui réveilla la querelle des Cicéroniens. Scaliger s'était adonné aux plus violents mouvements de sa colère contre Érasme dans sa seconde harangue, en 1537, un an après la mort d'Érasme. Dolet était injurié à l'égal de ce savant. Scaliger l'appelait le « chancre des muses » et l'accusait d'athéisme. En 1539, Sabinus rompit le silence et dans ses *Subcificorum libri tres*, il accumula tant d'injures contre Dolet que son intention parut n'avoir été que de le rendre odieux (1). Entre autres aménités, Sabinus disait à Dolet qu'il était un flatteur, un gourmand, un *impie*.

Dolet répondit vigoureusement dans un opuscule intitulé *De Imitatione Ciceroniana adversus Floridum Sabinum* (1540). Il repousse avec acrimonie toutes les calomnies et les horreurs dont Sabinus l'accusait.

Après cet orage, il y eut une nouvelle accalmie. Pendant deux ans, Dolet se montra plus prudent que d'habitude et ne fit paraître aucun ouvrage suspect, mais en 1542, il publia le *Nouveau Testament* en français, la traduction des *Psaumes* et des *Cantiques*, faite peut-être par Dolet lui-même, le *Bref discours de la République Françoyse désirant la lecture des livres de la Sainte Escripture luy estre loysible en sa langue vulgaire* ; — le *Manuel du chevalier chrestien*, d'Érasme, l'ennemi des bigots, traduit par Louis Berquin, brûlé comme hérétique ; — le *Vray moyen de bien et catholiquement se confesser*, etc., autant d'ouvrages contenant de « damnables et pernicieuses hérésies ».

---

1. Née de la Rochelle, *loc. cit.*, p. 41.

Les nombreux ennemis de Dolet et parmi eux les libraires de Lyon, que ses succès mêmes exaspéraient, veillaient sans cesse, et, grâce à ses imprudences, attirèrent sur lui une nouvelle catastrophe.

Les maîtres imprimeurs et les libraires de Lyon ne lui avaient pas pardonné son intervention en faveur de leurs compagnons « bandez ensemble pour contraindre les maistres imprimeurs de leur fournir plus gros gages et nourriture plus opulente. » Pour cette cause, ou par jalousie « voyant qu'il commençoit à honnestement profiter et que par succession de temps il pouvoit grandement s'augmenter, » ils le dénoncèrent et invoquèrent l'aide du plus terrible tribunal, celui de l'Inquisition.

A la requête et poursuite du procureur et promoteur des causes de l'Inquisition de la foi, Dolet fut arrêté et jeté en prison. On lui reprochait ses liaisons intimes avec des hérétiques ; son scepticisme qu'il n'avait pas la sagesse de dissimuler, comme Rabelais par exemple ; les publications suspectes que nous avons citées. On lui reprochait d'avoir mangé du gras en temps de carême, de s'être promené durant l'office, d'aller plutôt au sermon qu'à la messe. Le tribunal présidé, par Mathieu Orry, inquisiteur général, assisté d'Estienne Faye, official et vicaire du primat de France, le déclara, par sentence rendue le 2 octobre 1542, coupable de *pravité hérétique*, le déclara *mauvais, impie, scandaleux, schismatique, hérétique, fauteur et défenseur des hérétiques et erreurs pernicieuses* : c'était le bûcher. Mais comme le droit canon défend aux prêtres de verser le sang, Dolet fut livré aux bras séculiers. Il fit alors appel devant le Parlement de Paris, Lyon se trouvant dans sa juridiction. Il n'en resta pas moins trois mois emprisonné à Lyon après sa condamnation. Il passa ce temps à revoir et corriger ses traductions, ou ses livres, à préparer des mémoires justificatifs dans lesquels il proteste de son innocence et repousse toute accusation d'hérésie. Dans son recours au roi, il conteste le droit de l'inquisiteur général de le juger et malmène avec plus d'énergie que de prudence, ce moine dont l'ignorance était proverbiale, si l'on en juge par cette épigramme écrite par un de ses contemporains.

« Dolet enquis sur poinct de la foy
« Dict à Orris qui faisoit ceste enqueste :
« Ce que tu crois, certe point je ne croy,
« Ce que je croy ne fut oncq en ta teste. »

> Orris pensant l'avoir pris en fit festo
> Ly y demanda : « Qu'est-ce que tu crois doncq ? »
> « Je croy, dis-il, que tu n'es qu'une beste.
> « Et si croy bien que tu ne le crois oncq... »

Vers le mois de juin 1543, Dolet fut transféré à Paris et emprisonné à la Conciergerie. Les dispositions du Parlement de Paris n'étaient pas moins défavorables aux personnes soupçonnées d'hérésie qu'aux imprimeurs. Dolet était l'un et l'autre. Si l'on se rappelle que le président Lizet, partisan de la suppression de l'Imprimerie, était conseillé par Béda, dévot intraitable, on devine sans peine quelle était la sentence qui attendait Dolet et, alors, l'exécution ne tardait guère. C'était parfois le jour même qu'il y était procédé.

Sur les conseils de ses amis, Dolet adressa au roi une pétition habilement rédigée, réitérant ses offres de soumission et de rétractation et demandant grâce. Cette pétition fut remise au roi par Pierre Duchâtel, évêque de Tulle, et lecteur de François Ier. Duchâtel plaida avec chaleur la cause de son ami et, en dépit du cardinal de Tournon, François Ier ordonna que l'affaire fût soumise au Conseil privé qui émit un avis favorable.

Les lettres de grâce furent signées à la fin de juin 1543. Elles déclaraient d'une part, que Dolet devait faire abjuration devant l'official de l'évêque de Paris, que tous les livres mentionnés au procès devaient être réduits en cendres ; en second lieu, que toute autre mesure judiciaire devait cesser, que Dolet recouvrait ses biens que le jugement du tribunal de Lyon lui enlevait et, enfin, ordonnait au Parlement d'enregistrer la lettre de grâce et de rendre le prisonnier à la liberté. Cette décision mécontenta le Parlement qui tenait à sa proie et souleva des difficultés, prétendant que les lettres de grâce que Dolet avait obtenues antérieurement au sujet du meurtre du nommé Compaing n'avaient pas été entérinées. Aussi, lorsque le 19 juillet, il parut devant la Cour criminelle du Parlement, celle-ci refusa-t-elle de le mettre en liberté et le fit reconduire à la Conciergerie. On exigeait sa lettre de grâce du 19 février 1537. Quand il la présenta le 24 juillet, la Cour, prétextant que cette lettre n'avait pas été enregistrée par le Sénéchal de Lyon, le maintint en prison. Il fallut intervenir de nouveau auprès du roi, qui, par lettres patentes du 1er août, ordonna au Parlement d'enregistrer sur l'heure la lettre de grâce du 19 février 1539.

Cela ne suffit pas pour vaincre les résistances du Parlement. Duchâtel dut intervenir de nouveau. Le 21 août, François Ier donna de nouvelles lettres patentes confirmant les premières, exigeant en termes péremptoires l'enregistrement des lettres de grâce et mettant le Parlement en demeure d'exposer ses motifs dans un délai de quinze jours. Le Parlement dut céder ; le 13 octobre, Dolet fut appelé devant la Chambre de la Tournelle où toutes les formalités furent remplies et l'ordre fut donné de rendre la liberté à Dolet aussitôt qu'il aurait abjuré ses erreurs et que ses livres auraient été brûlés « comme contenant damnable, pernicieuse et hérétique doctrine ». Cette fois le bûcher respecta l'auteur.

On brûla treize volumes imprimés ou composés par Dolet, parmi lesquels figuraient : *les Gestes du Roy*, la *Manière de se confesser*, etc. C'est le moment de rappeler que presque tous les ouvrages imprimés par lui portaient une « enseigne » qui fait allusion à son nom : « C'est une main qui sort d'un nuage, et qui tient une hache ou *doloire*, dont elle est prête à frapper le tronc abattu d'un arbre très noueux. On lit ces mots à l'entour : *Scabra et impolita adamussim dolo atque perpolio* :

« Je polis et repolis
« Les raboteurs des écrits ».

Comme il imprimait presque toujours cette enseigne à la fin de ses éditions, au lieu de l'inscription ci-dessus, il y plaçait ces mots : *Durior est spectatæ virtutis quam incognitæ conditio* :

« De la vertu, soumise à des luttes sans nombre,
« Le sort est bien plus dur au grand jour que dans l'ombre,

ou bien, quand le livre était français : *Preserve moy, ô Seigneur, des calomnies des hommes.* »

Le cardinal de Tournon reprocha vivement à l'évêque de Tulle son intervention :

« Osez-vous, lui dit-il, vous qui avez rang d'évêque à l'Eglise catholique, agir contre tous ceux qui ont à cœur les intérêts de la religion et de la piété, et défendre auprès du Roi très chrétien, non seulement ces malheureux qui sont entachés d'hérésie luthérienne, mais même les athées et les blasphémateurs? »

Duchâtel lui fit une réponse qui mérite de vous être citée.

« Je n'ai point, ajouta-t-il, protégé auprès du roi les crimes et les fraudes de Dolet, mais j'ai réclamé les bo tés de ce monarque pour un homme qui promettait de reprendre des mœurs et une vie digne d'un chrétien. J'ai cru que l'Eglise devoit ouvrir son sein à celui qui, étant tombé par imprudence (*temere*) dans l'erreur, laissoit voir des dispositions au repentir, car Jésus-Christ vous ordonne de rapporter dans le bercail la brebis qui s'en est égarée.

« J'agis en évêque de l'Eglise du Christ. Je suis les engagements des Apôtres et de tous ces saints et martyrs qui, par leur sang, ont bâti notre sainte Eglise. C'est leur devoir qui m'enseigne que le devoir d'un évêque consiste à éloigner le cœur des rois de la barbarie et de la cruauté, en leur inspirant des sentiments de douceur, de clémence et de miséricorde. Quand vous m'accusez d'oublier mon devoir d'évêque, c'est vous qui oubliez la vôtre. J'ai parlé en évêque, vous avez agi en bourreau (1). »

Dolet, après avoir rempli les formalités exigées par les lettres de grâce, s'empressa de repartir pour Lyon, heureux de retrouver sa femme, son fils, ses presses et ses livres.

Partie remise n'est pas partie perdue. Ses ennemis le lui firent bientôt voir. Les livres brûlés étaient des victimes insuffisantes pour calmer leur fureur. Dolet, dans son *Second Enfer*, s'adressant à ses amis leur dit qu'il a composé un *Premier Enfer* sur son emprisonnement de 1542 et qu'il se préparait à le publier lorsqu'il fut arrêté de nouveau au commencement de janvier 1544. C'est au *Second Enfer* que nous allons emprunter le récit de cette arrestation et de ses suites. Il fut arrêté un soir, alors qu'il célébrait avec sa femme, son fils, ses amis, la fête des rois et qu'il s'apprêtait à crier : « Le Roy boist ! » Il s'adresse « Au très chrestien et très puissant Roy Françoys. » Après avoir rappelé que ses ennemis, « creuants de dueils parce qu'il a échappé à une mort outrageuse et villaine ont reprins leur haleine pour l'opprimer laschement, » il continue ainsi :

    ... (Sire), voicy comment
Ilz ont bien sceu trouuer moyens subtilz,
Et mettre aux champs instruments et outilz,
Pour donner ombre à leur faict cauteleux,
    Et m'enroller au renc des scandaleux,
Des pertinax, obstinez et mauldicts,
Qui vont semant des liures interdicts.
    Suyvant ce but, ilz font dresser deux balles,
De mesme marque, et en grandeur esgalles :
Et les envoyent à Paris par charroy.
    Prends garde icy François vertueux Roy :

---

1. Galandus, *Vita Castellani*, p. 62.

> Car c'est le poinct qui te faira entendre
> Trop clairement l'abuz de mon esclandre.
>   Ces deulx fardeaulx furent remplis de liures
> Les vngs mauluais, et les autres de liures
> De ce blazon, que l'on nomme hérétique,
> Le tout conduict par grand'ruze et praticque.
>   Et ce fut faict, affin de mieulx trouuer
> L'occasion de te dire, et prouuer
> Que c'estoit moy qui les balles susdictes,
> Auois remply de choses interdictes.
>   Les liures doncq' de mon impression
> Estoient dans l'vne (ô bonne invention)
> Et l'aultre balle (et c'est dont on me greue),
> Remplie estoit des liures de Genesue :
> Et à l'entour, ou bien à chasque coing,
> DOLET, en lettre assez grosse, et lysable.
>   Qu'en dictes-vous, Prince à tuts equitable?
> Cela me semble ung peu lourd et grossier :
> Et fusse bien ung tour de pâtissier,
> Non pas de gens qui taschent de surprendre
> Les innocents, pour les brusler ou pendre.

Il fait remarquer ensuite combien il aurait été maladroit de sa part, s'il était véritablement l'auteur de l'envoi des livres défendus de marquer son nom en grosses lettres pour attirer l'attention. Il sort de prison et ne tient pas à y retourner. La lettre de voiture fait foi que ce n'est pas son écriture, puis il ajoute :

> « Pour ces fardeaulx, les seigneurs de Paris
> Fort courroucés contre moy, et marrys,
> Sans aultre esgard despeschent vne lettre,
> Pour en prison soubdain me faire mettre.
> Ce qui fut faict : et en prison fut mys.
> « O quel plaisir eurent mes ennemys !
> Aultant pour vray, que ieus de desplaisir,
> Quand on me vint au corps ainsi saisir :
> Car à cela alors point ne pensoys,
> Et de crier le Roy boyt m'auançois. »

Il est « en prison serré », il se dépite et se rappelle l'expérience qu'il a si tristement acquise

> « Tant aux prisons de Paris qu'à Lyon.
> Mon naturel est d'apprendre tousiours ;
> Mais si ce vient, que ie passe aulcuns iours,
> Sans rien apprendre en quelque lieu, ou place,
> Incontinent il fault qui ie desplace

Cela fut cause (à la vérité dire)
Que ie cherchay (très debonnaire Syre)
Quelcque moyen de tost gaigner le hault.
Puis aulx prisons ne faisait pas trop chault :
Et me morfondre en ce lieu je craignois,
En peu de temps, si le hault ne gagnois.
De le gaigner prins resolution,
Et auec art et bonne fiction
Je preschay tant le concierge (bonhomme)
Qu'il fut conclud (pour le vous dire en somme)
Qu'vng beau matin irions en ma maison
Pour du muscat (qui estoit en saison)
Boire à plein fonds : et prendre aulcuns papiers,
Et recepuoir aussi quelques deniers,
Qu'on me debuoit : mais que rendre on vouloit
Entre les mains de Monsieur, s'il alloit
A la maison, et non point aultrement. »

Naturellement, Dolet use de toute son éloquence et finit par convaincre son geôlier. Pour l'entretenir dans ses bonnes résolutions, il le fait souper avec lui, ainsi que quelques sergents.

« L'heure venue au matin sur la brune,
Tout droictement au coucher de la lune,
Nous nous partons, cheminant deux à deux ;
Et quant à moy, j'estois au milieu d'eulx ;
Comme vne espouse, ou bien comme vng espoux
Contrefaisant le marmiteux, le doulx,
Doulx comme vng chien couchant ou ung regnart,
Qui iette l'œil çà et là à l'escart,
Pour se sauluer des mastins qui le suyuent,
Et pour le rendre à la mort, le poursuyent,
Nous passons l'eaue, et venons à la porte
De ma maison, laquelle se rapporte
Dessus la Saosne ; et la venuz que fusmes,
Instruict de tout, et faict au badinage ;
Lequel sans feu, sans tenir grand langage
Ouvre la porte, et la ferme soubdain,
Comme remply de courroux et desdaing.
Lors sur cela i'auance vng peu le pas :
Et les sergents, qui ne congnoissaient pas
L'estre du lieu, suyent le myeulx qu'ilz peuuent :
Mais en allant, vne grand'porte ilz treuuent
Deuant le nez, qui leur clost le passage.
Ainsy laissay mes rossignolz en cage,
Pour les tenir vng peu de temps en mue.
Et lors Dieu sçait, si les pieds ie remue

« Pour me saulucr oncques cerf n'y feit œuure
Quand il aduient qu'vng limier le descueuure
N'y oncques lieure au campaigne elancé
N'a myeulx ses pieds à la course auancé. »

S'il s'est sauvé, ce n'est point qu'il ait commis aucun forfait, qu'il se sente coupable ; mais il sait trop comme en justice on use

« De mille tours qu'il craint et redoute :
  Je scay comment le bon droit on reboutte
D'vng criminel et comment on le traicte,
Si (tant soit peu) quelqu'vng sa mort affecte,
Qui ayt crédit et pouvoir suffisant
Pour le fascher, et l'aller destruysant
En biens, ou corps. Car s'il ne peult venir
Jusques à là qu'il trouve la cautelle
De luy causer prison perpétuelle
Ou pour le moins de si longue durée,
Que myeulx vauldroit que sa mort eust iurée. »

Pourquoi encore l'a-t-on arrêté ? C'est qu'il a des jaloux, des envieux.

« Disons vng peu (puisqu'il vient à propos)
Que me veult-on ? suys ie vng Diable cornu ?
Suys-ie pour traistre, ou boutefeu tenu ?
Suys-ie vng larron ? vng guetteur de chemin ?
Suys-ie vng volleur ? vng meurtrier inhumain ?
Vng rufflen ? vng paillard dissolu ?
Vng affronteur ? vng pipeur résolu ?
Suys-ie vng loup gris ? Suys-ie vng monstre sur terre,
Pour me liurer vne si dure guerre ?
Suys-ie endurcy en quelque meschant vice,
Pour me trainer si souuent en iustice ? »

Il n'a rien fait pour s'attirer de telles persécutions ; il ne demande qu'à vivre en travaillant.

« Et moy chetif, qui iour et nuict me tue
De trauailler, et qui tant m'esuertue
Pour composer quelcque ouuraige excellent,
Qui puisse aller la gloire reuelant
Du nom françoys en tout cartier et place,
On ne me faict seullement tant de grace,
Qu'en lieu versant, en repos puisse viure,
Et mon estude en liberté poursuyure.

D'où vient cela? c'est vng cas bien estrange,
Où l'on ne peult acquerir grand'louange
Quand on m'aura ou bruslé ou pendu,
Mis sur la roue, et en cartiers fendu,
Qu'en sera-t-il? ce c'era vng corps mort. »

Dolet ajoute:

« Fais que ie soys par ton vouloir absouls.

Et il s'engage à faire tous ses efforts.

« Pour mieulx pousser que devant l'éloquence
« Tant en latin qu'en françois: que mourir i'aime
« Eh que ie veulx mettre en degré extreme
« Par mes labeurs.....
Quand à la foy, on ne m'accuse point
Pour ceste foys, que ie tienne vng seul poinct
D'opinion erronée, ou mauluaise.
Mais quelques gens ne sont point à leur aise,
De ce que vends, et imprime sans craincte,
Luires plusieurs de l'Escripture Saincte.
Voyla le mal dont si fort ilz se deulent :
Voyla pourquoy vng si grand mal me veulent :
Voyla pourquoy ie leur suys odieux :
Voyla pourquoy ont juré leurs grands dieux
Que i'en mourray, si de propos ne change,
N'est-ce pas la vne rancune estrange? »

Et dans quel but insiste-t-il auprès du Roy pour avoir sa liberté? Il le dit dans les vers suivants qui peignent bien son caractère :

« Viure ie veulx, non point comme vng pourceau
Subiect au vin et au friand mourceau :
Viure ie veulx, pour l'honneur de la FRANCE
Que ie pretends (si ma mort on n'auance)
Tant célébrer, tant orner par escripts,
Que l'estrangier n'aura plus à mespris
Le nom Françoys : et bien moins nostre langue,
Laquelle on tient pauvre en toute harengue »

Il montre au roy, dans un langage énergique, indépendant et vraiment patriotique, les conséquences funestes pour lui et pour la France de la voie dans laquelle on cherche à l'engager :

« Il n'est pas temps, cres, que tu t'endormes,
Roy nompareil, des vertueux le père :
Entends-tu point au vray, quel vitupere

> Ces ennemys de vertu te pourchassent,
> Quand les scauantz de ton royaume ilz chassent,
> Ou les chasser à tout le moins prétendent?
> Certes (grand Roy) ces malheureux entendent
> D'anihiler devant ta propre face,
> Et toy vivant, la bienheureuse race,
> Des vertueux, des lettres et lettrez,
> Qui soubs ton règne en France sont entrez :
> Si ta prudence a ce ne remedie,
> Tu le voys bien, point ne fault que ie die.

Et le fait au sujet duquel on le poursuit, est-il prouvé? A-t-on fait une enquête sérieuse?

> ..... : « ie suis seur que si on prend bien garde
> (Qui est le poinct où le plus on regarde
> En tel affaire) au billet de voicture.
> On ne dira que c'est mon escripture :
> Pas ne dira aussi le voicturier
> (Si véritable il est, et droicturier)
> Qu'il ayt repceu de moy, balle, ou ballette,
> Dont à grand tort si tres mal on me traicte. »

A côté de ce fait, y a-t-il des motifs dans son existence qui prêtent à une arrestation, à une comparution en justice? Il s'examine et n'en trouve aucun.

Dolet ne se faisait pas d'illusion sur la gravité de sa situation. Pour rendre plus efficace la touchante requête à François I*er*, dont nous venons de citer des extraits, il fit appel à la bienveillance du «Très illustre prince, Monseigneur le duc d'Orléans» ; puis, au « Cardinal de Lorraine » ; enfin « A la duchesse d'Etampes », pour qu'elle requière le noble roi de France

> « Que son plaisir soit de me reballier
> En son royaulme vne telle seurté,
> Ung tel repos, et telle liberté,
> Qu'ay tousiours heue : horsmys depuis qu'enuye
> Ma liberté a un peu asseruie. »

Il termine ainsi son envoi.

> « Faictes sonner cette heure,
> Puisque vous gouvernez l'horloge. »

Vous savez que la duchesse d'Etampes, était la maîtresse du roi. Dolet adresse aussi, une supplique « A la souveraine et vénérable Court du Parlement de Paris. » Il insiste sur le mauvais tour qu'on lui a joué. Il écrit « Aux chefs de la Justice de Lyon tant en l'ordinaire qu'à la Sénéchaussée » ; « A la reine de Navarre, la seule Minerve de France », et même « A Monseigneur le Réverendissime cardinal de Tournon. » La dernière, dans laquelle il montre sa confiance dans sa bonne cause, est adressée à ses amis pour les reconforter.

Nous ferons remarquer, avec M. Boulmier, que dans toutes les requêtes de Dolet, c'est l'indignation qui déborde, une indignation vibrante et généreuse qui ne ressemble pas à une prière servile : « Dolet ne songe plus alors à pénétrer de clémence et de compassion l'oreille sourde, l'âme insensible de ses juges ; dans ces moments-là, le style de l'audacieux humaniste, au lieu de se teindre à l'eau de rose, se fait en quelque sorte rouge de colère... (1) » C'est aussi, inspiré par les sentiments les plus profondément humains — ceux que nous devons toujours avoir dans le cœur — qu'il parle de la vie de l'homme :

« Vng homme est-il de valeur si petite ?
Est-ce une mouche ? ou vng verms, qui mérite
Sans nul esgard si tost faict et instruict,
Si tost muny de science et vertu,
Pour estre ainsi qu'une paille ou festu,
Anihilé ? faict on si peu de compte
D'ung noble esprit qui mainct aultre surmonte ? »

L'exil pesait lourdement sur Dolet. Il était contristé de se trouver éloigné de sa femme et de son fils, de ne pouvoir surveiller son imprimerie. Il espérait d'ailleurs que ses nombreuses épîtres lui assureraient le salut. Voici comment il raconte les faits qui suivirent dans la préface « Au Roy très chrestien » qui figure en tête de ses *Deux Dialogues de Platon*.

« Retournant dernièrement du Piedmont avec les bendes vieilles, dit-il au roi dans la dédicace de ses *Dialogues de Platon*, pour avec ycelles me conduire au camp que vous dressez en Champaigne, l'affection, l'amour paternelle ne permist que passant près de Lyon, je ne misse tout hazard et danger en oubly pour aller veoir mon petit-filz et visiter ma famille. »

---

1. Boulmier, *loc. citat.*, p. 234.

Ce fut sa perte. Ses ennemis épiaient toutes ses actions. A peine avait-il eu le temps de faire imprimer le *Second Enfer* et la traduction française des *Deux dialogues*, attribués alors à Platon, qu'il fut ressaisi par Maistre Jacques de Vault, messager ordinaire du roi qui réclama, à ce propos « mille escus d'indemnité, tant pour la fuite industrieuse dudit Dolet, dont il avait la charge, que pour l'avoir reprins et amené à grands frais, prisonnier en la Conciergerie de Paris ».

Dolet avait eu une fâcheuse idée de profiter de son court passage à Lyon pour faire imprimer ses deux dialogues de Platon. Le 4 novembre 1544, la Faculté de théologie de Paris, se réunit dans la grande salle de la Sorbonne. Examinant ce travail, elle fut scandalisée d'y trouver cette phrase : « Après la mort, tu ne seras plus rien du tout. » Cette phrase fut jugée hérétique, conforme à l'opinion des Saducéens et des Epicuriens et en conséquence la Faculté confia aux « *députés en matière de foi* le soin de formuler une censure sur le dit livre. » Ils conclurent ainsi : « Quant à ce dialogue mis en françois intitulé « Acochius » (Axiochus) ce lieu et passage, c'est à sçavoir, attendu que *tu ne seras plus rien du tout*, est mal traduict et contre l'intention de Platon, auquel il y a ny en grec ny en latin ces mots RIEN DU TOUT. »

Dolet fut renvoyé devant le Parlement comme accusé de *blasphème, sédition et expédition de livres prohibés et damnés*. C'est le blasphème qui constituait la principale accusation. Nous n'avons rien trouvé qui expliquât le second chef d'accusation, la sédition, à moins qu'on ne considérât comme telle son évasion. Quant au troisième, Dolet reconnut qu'il avait effectivement vendu des livres des saintes Ecritures en français et en latin. Son procès dura longtemps. Il comparut maintes fois devant le tribunal, et eut à subir des interrogations qu'il supporta avec courage, malgré sa longue captivité.

Le 2 août 1546, après une détention de deux ans, Dolet fut condamné à être pendu et brûlé. Voici l'article principal de l'arrêt :

« La dicte Court a condamné le dict Dolet prisonnier, pour réparation des dicts cas, crimes et délicts, à plain contenus au dict procès contre lui faict; à estre mené et conduit par l'exécuteur de la haulte justice en ung tombereau, depuis les dictes prisons de la dicte Conciergerie du Palais jusques en la place Maubert; où sera dressé et planté, en lieu plus commode et convenable une potence; à l'entour de laquelle sera faict ung grand feu, auquel après avoir esté soublevé en ladicte potence, son corps sera jecté et bruslé avec ses livres et son corps mué et converti en cendres; et a déclaré et déclare tous et chascun les biens du dict prisonnier acquis et confisquez au Roy... Et ordonne la dicte Court que auparavant l'exécution de mort du dict Dolet, il sera mis en torture et question extraordinaire pour enseigner ses compaignons.

Signé: Lizet
De Montmirel.

Aucun ami, aucun protecteur n'osa solliciter François Ier en faveur de Dolet. A cela, rien d'étonnant: « Les années 1545 et 1546, ainsi que le fait remarquer M. R. Copley Christie, sont deux des plus horribles de l'histoire de France et deux des plus horribles de l'Eglise catholique. » C'était, en effet, l'époque de la sanguinaire persécution des Vaudois.

Le 3 août 1546, le jour anniversaire de sa naissance et de la fête de son patron, le fatal tombereau conduisit Etienne Dolet au supplice : potence et bûcher étaient prêts à le recevoir sur la place Maubert.

Jacques Severt raconte que : « Quand Dolet sermonissait près du brasier, il cuïdait d'abondans preschoter et s'imaginait que la populace circonstante lamentoyt en regret de sa perte dont pour toute prière il proféra ce vers latin :

Non dolet ipse Dolet, sed pia turba dolet

« Non, ce n'est pas Dolet lui-même qui s'afflige, mais bien cette foule recueillie qui s'afflige. »

« Sur quoy à l'instant du contraire, luy fut *sagement* respondu — c'est Jacques Severt qui parle — par le lieutenant criminel sis à cheval :

Non pia turba dolet, sed dolet ipse Dolet.

« Non, ce n'est pas cette foule pieuse qui s'afflige, mais Dolet lui-même. »

Après avoir terminé les apprêts du supplice, l'exécuteur prévint Dolet qu'il eût à penser à son salut et à se recommander à Dieu et aux saints. Il paraît que Dolet ne se pressait guère et qu'il continuait toujours à marmotter quelque chose. L'exécuteur lui déclara qu'il avait ordre de lui parler de son salut devant tout le monde. « Il faut, lui disait-il, que vous invoquiez la sainte Vierge et saint Etienne, votre patron, de qui l'on célèbre aujourd'hui la fête, et si vous ne le faites pas, je vois bien ce que j'aurai à faire. » Qu'avait donc à faire le bourreau ? Un *retentum* qui suit l'arrêt nous l'apprend :

« Et neantmoins est retenu dans l'esprit de la Court que où le dict Dolet fera aulcun scandale, ou dira aulcun blasphème, *la langue luy sera coupée, et sera bruslé* TOUT VIF. »

Dolet pensa qu'il lui suffisait d'être pendu, puis brûlé. Et se rendant aux pieuses exhortations du bourreau, il récita une courte prière, invoquant Dieu, la vierge mère et saint Etienne.

Il avertit ensuite les assistants — toujours par crainte du *retentum* et soufflé par le bourreau — de lire ses livres avec circonspection, puis il fut pendu et ensuite son corps fut brûlé.

III

Dans maints écrits, Dolet exprime le pressentiment de sa mort. Elle est venue bientôt, trop tôt pour les lettres, pour le développement de notre langue alors encore à son berceau et pour laquelle il faisait de si beaux projets. Tous ceux qui ont lu ses œuvres, étudié sa vie, toute de travail, sont unanimes à cet égard. Sa mort fut une grande perte pour les lettres.

Pour bien se rendre compte de ce qui est arrivé à Etienne Dolet, de la faveur et de la défaveur dont il a été l'objet de la part de François Ier, il convient de jeter un coup d'œil rapide sur la politique de ce prétendu Père des lettres.

Lorsqu'il était jeune, vigoureux, prospère, il se moquait, avec Marguerite, sa sœur, avec Louise de Savoie, de toutes les superstitions des bigots, des moines et des sorbonnistes. En 1522, Louise de Savoie « remerciait Dieu de lui avoir fait connaître les hypocrites blancs, gris, noirs et de toute couleur », c'est-à-dire les moines.

Cependant que de bûchers! Le syndic de la Sorbonne, le turbulent et sanguinaire Béda, le conseiller et l'ami du président Lizet, ne rêvait que procès et que bûchers. Le Parlement s'emparait avec bonheur des victimes que lui envoyait la Sorbonne. En 1525 on brûle le premier des réformés, Pauvant, en place de Grève, au son des cloches de Notre-Dame. Louis Berquin, non moins recommandable par ses vertus que par son savoir, est exécuté le 22 avril 1529 sur la place Maubert.

François Ier oscillait tantôt vers la tolérance, tantôt vers le fanatisme religieux, suivant les intérêts de sa politique, suivant l'état de sa santé, suivant les influences prépondérantes du moment. Sa conduite envers Dolet en est l'irréfutable preuve. Avec Jean de Pins, évêque de Rieux; avec Pierre Duchâtel, évêque de Tulle; avec Marguerite de Navarre et Louise de Savoie, c'est la tolérance, c'est le pardon. Avec le cardinal de Tournon, avec le connétable de Montmorency, avec le cardinal Duprat, c'est la guerre aux réformés, la guerre à la libre-pensée. Sauvé par les premiers, Dolet est perdu avec les seconds.

En 1535, des placards contre la messe et l'Eucharistie sont affichés dans les rues de Paris. Un placard analogue est même apposé à la porte de la Chambre du roi, à Blois. De là fureur du roi, suivie de nombreuses arrestations promptement suivies elles-mêmes d'exécutions capitales.

Le 21 janvier 1535, en expiation des blasphèmes contre le Saint-Sacrement, on promène en procession des reliques, on dresse sur six places de Paris des reposoirs pour le Saint-Sacrement; on installe un échafaudage pour le roi et sa cour, afin qu'il puisse assister au supplice des hérétiques. Ces supplices ont lieu avec un raffinement de cruauté. Les malheureuses victimes étaient liées sur des bascules qui les *guindaient* en l'air et les *dévalaient* dans les flammes. C'est peu après, à la fin du même mois, que François Ier signait l'ordonnance relative à l'abolition de l'Imprimerie. Puis, honteux de cette extravagance, il laissa cette ordonnance devenir lettre morte.

Plus tard, ainsi que nous l'avons vu, ayant besoin des secours des protestants allemands et suisses, il ordonne de faire cesser les persécutions. Puis, devenu malade, sous prétexte de racheter ses fautes, il recommence les persécutions et fait massacrer les Vaudois. C'est durant l'une de ces périodes de fanatisme qu'eut lieu le *martyre de Dolet*, le « *Christ de la libre-pensée* » (1).

C'est dans les œuvres mêmes de Dolet, c'est dans les écrits de ses contemporains, amis ou adversaires, c'est dans les jugements de ses juges, prêtres, moines, ou laïques, également fanatiques, qu'il faut chercher les éléments d'une saine et exacte appréciation. C'est ce que nous avons fait, c'est ce qu'ont fait avant nous Maittaire, Née de la Rochelle, Aimé Martin, Boulmier, Richard Copley Christie.

On a reproché à Dolet d'avoir un caractère ardent, passionné, violent, dépassant même parfois les bornes. Mais ces emportements n'existaient-ils que chez lui? Non. Ses adversaires qui furent souvent les agresseurs, ne se laissaient pas moins entraîner aux injures les plus vives, les plus grossières. Ces excès de langage qui ne font honneur ni aux uns ni aux autres, n'en avons-nous pas de nos jours de semblables exemples et non moins déshonorants? En ce qui concerne Dolet, qu'il nous soit permis d'invoquer à titre de circonstances atténuantes les persécutions incessantes de ses ennemis, l'irritation produite par ses emprisonnements successifs; enfin, ses excès de travail qui devaient retentir et sur son organisation physique et sur son état moral.

Dolet avait un cœur aimant, était un ami dévoué. Sa vive affection pour sa femme et pour ses enfants, les amitiés qu'il se créa successivement à Paris, à Padoue, Venise, Toulouse et Lyon et dont la plupart ne l'abandonnèrent jamais; ses relations avec Jean de Boyssone, avec Finet, avec Cottereau, avec Jean de Pins, Bording, et tant d'autres, en est la démonstration éclatante. Quelques-uns de ses amis le répudièrent, il est vrai, comme Clément Marot et Rabelais (2), après l'avoir eu en haute estime, et avoir vanté ses talents. Ce fut souvent pour des intérêts particuliers. On s'en est servi contre lui, sans examiner impartialement qui avait raison de lui ou de ceux qui le quittaient. La reconnaissance qu'il

---

1. Cette appellation est empruntée à M. Boulmier. qui a publié le livre, remarquable à tous égards sur Dolet, dont nous avons donné le titre au début.

2. Pierre Amy, intimement lié avec Rabelais, se sépara de lui et devint son accusateur. La liaison de Rabelais, philosophe sceptique à la façon de Dolet, avec Calvin, le fanatique réformateur, n'eut également qu'une courte durée.

a toujours témoignée vis-à-vis des maîtres, qui avaient contribué à développer ses connaissances littéraires et philosophiques n'est pas chose si commune qu'on ne puisse l'invoquer encore en sa faveur.

Dolet avait un esprit tolérant, large et indépendant :

« Vivre libre, à mes yeux, c'est vivre, » dit-il.

Il dut ces qualités élevées, vous vous en souvenez, d'abord à l'influence de Bérauld, puis à l'enseignement de la libre Université de Padoue.

Dans ses épitaphes, dans ses poèmes règne une liberté d'allures telle qu'on lui reproche de leur avoir donné un caractère profane. A Toulouse, il affirme la *liberté de pensée*, la *liberté de réunion*, la *liberté d'association*, la *fraternité*. Ses adversaires, catholiques et protestants, le dénoncent à qui mieux mieux. Pour les premiers, c'est un *luthérien*, un *impie*; pour les seconds, c'est un *athée*, un *libertin*, comme on disait alors, un *libre-penseur* pour employer l'expression de nos jours. Voici l'opinion de Calvin :

« Dolet et ses semblables, écrit-t-il, comme des Cyclopes, ont toujours fastueusement méprisé l'Evangile. Ils en sont venus à ce point de démence et de fureur que, non seulement ils ont vomi des blasphèmes exécrables contre le fils de Dieu, mais encore, quant à la question de l'âme, ils ont pensé qu'ils ne différaient en rien des chiens et des pourceaux (1). »

Dans ses poésies latines, et ailleurs, s'il attaque vigoureusement les membres du Parlement de Toulouse, il n'épargne pas davantage les « sorbonicqueurs » et les moines, ce qui n'est pas la caractéristique d'un bon catholique. Un passage mérite de vous être lu :

« La race des encapuchonnés, ce bétail à tête basse, dit-il, a toujours à la bouche le refrain suivant: *Nous sommes morts au monde*. Et pourtant, il mange à ravir, ce digne bétail ; il ne boit pas trop mal; il ronfle à merveille, enseveli dans sa crapule ; il procède avec conscience à sa besogne vénérienne; en un mot, il se vautre dans la fange de toutes les voluptés. Est-ce là ce qu'ils appellent, ces révérends, être « morts au monde ». Il s'agit de s'entendre : Morts au monde, ils le sont assu-

---

1. Calvin. *Tractatus de scandalis*, p. 90. — *Tractatus theologicorum*.

rément ; mais parce qu'on les voit, ici-bas, fatiguer la terre de leur masse inerte, et qu'ils ne sont bons à rien... qu'à la scélératerèsse et au vice ! »

Si les encapuchonnés en question n'étaient pas contents de ce petit morceau, il faut avouer qu'ils étaient bien difficiles. Si c'est là le langage d'un bon catholique, comme les biographes d'occasion veulent nous représenter aujourd'hui Dolet, il faut reconnaître que les catholiques sont bien faciles à contenter (1).

Jean Ange Odon dit, dans une lettre du 29 octobre 1535 adressée à Gilbert Cousin, que Dolet est un homme « *impie, sans Dieu, sans aucune religion* ». Floridus Sabinus et Scaliger accusent aussi Dolet d'être « *impie et de ne pas croire à l'immortalité de l'âme* ».

L'inquisiteur général Ory et le tribunal de Lyon qu'il préside, la faculté de théologie de Paris qui devaient s'y connaître au point de vue du catholicisme déclarent Dolet *hérétique* et *impie* et le livrent au bras séculier, c'est-à-dire à la mort. Qu'on se rappelle enfin l'opinion du cardinal de Tournon reprochant à l'évêque Duchâtel d'avoir intercédé auprès du roi pour sauver la vie de Dolet « *athée et blasphémateur* », et on verra s'il peut rester un doute sur les opinions de Dolet.

Mattaire, à notre avis, résume nettement la situation lorsqu'il dit que Dolet « parut aux réformés un *blasphémateur* et un *athée* ; aux catholiques un *luthérien* et un *impie* et à tout le monde un *libertin*, c'est-à-dire un *homme sans religion.* »

Citoyennes et citoyens, tous les faits que je vous ai exposés d'après les documents les plus dignes de foi, d'après les œuvres de Dolet et de ses contemporains qui mettent en relief le labeur considérable accompli par Dolet ; son incontestable valeur à tant de titres divers ; littérateur, poète, grammairien, historien, humaniste, orateur, vous ont démontré, nous en avons la conviction, que le Conseil municipal ne s'est pas trompé lorsqu'il a honoré une première fois Dolet, comme une victime des prêtres et des moines, en donnant son nom à l'une des rues de Paris et qu'il accomplit un acte de justice en lui décernant l'honneur d'une

---

1. C'est la thèse de l'abbé Daniel dit Louis Michel, vicaire de Saint-Nicolas du Chardonnet.

statue sur la place Maubert, naguère le lieu de son supplice et de son martyre, aujourd'hui le lieu de sa glorification.

Victime de l'intolérance, Dolet doit nous rendre forts, tenaces, contre le cléricalisme et, à son exemple, nous devons lutter sans cesse pour la disparition du fanatisme religieux, non pas par le bûcher, à l'instar du catholicisme, par excellence la religion de la persécution et du feu, mais par la discussion, par la raison, par la persuasion.

Nous devons lutter, car le fanatisme religieux est aujourd'hui le même que du temps de Dolet : prêtres et moines, blancs, gris, noirs et de toutes couleurs, nonnettes blanches, grises, noires et de toutes couleurs ; n'ont comme du temps de Dolet qu'un désir: notre asservissement. Luttons contre eux, luttons contre elles. Et, par l'instruction de tous, des enfants surtout, par la multiplication des livres, par une propagande incessante, hâtons la disparition des prêtres, des moines et des religieuses et l'avènement définitif de la LIBRE-PENSÉE !

INDEX BIBLIOGRAPHIQUE

Outre les ouvrages de Dolet cités dans le cours de cette conférence, nous signalerons les suivants : faits, traduits ou annotés par lui, écrits en français :

Recueil de vers latins et vulgaires de plusieurs poètes Françoys composés sur le trespas de feu Monsieur le Dauphin. — Lyon 1536, chez Françoys Juste.

Le Guydon des Practiciens contenant tout le faict de practique cóme lon se doibt conduyre en exerceant icelle. Premièrement imprimé avec son repertoire et avec les allégations des droictz. Et est divisé par plusieurs chapîtres comme amplement opert. 1538. Lyon, en la rue Mercière, chez Scipion de Gabiano et frères.

La Manière de bien traduire d'une langue en aultre. D'advantage. De la punctuation de la langue Françoyse. Plus. Des accens d'ycelle. Le tout faict par Estienne Dolet, natif d'Orléans. A Lyon, chés Dolet mesme 1541.

L'Anatomie des ... du corps humain. Autheur Galien. Nouvellement traduicte de Latin en Françoys par monsieur maistre Jehan Canappe, docteur en medecine. A Lyon, chés Estienne Dolet. 1541.

Du mouvement des muscles livres deux, autheur Galien, id., id.

Le Nouveau Testament imprimé par Dolet en Françoys.

Le Sommaire du viel et nouveau Testament. Imprimé par Dolet.

Psalmes du Royal Prophete David. Fidèlement traduicts de Latin en Françoys. Auquelz est adiousté son argument et sommaire à chascun particullièrement. Chés Estienne Dolet à Lyon, 1542.

Paraphrase c'est-à-dire claire et briefve interprétation sur *les Psalmes de David*. Item aultre Paraphrastique sur l'ecclésiaste de Salomon. Le tout faict par Campensis. A Lyon, chés Estienne Dolet, 1542.

Le Chevalier Chrestien. Premièrement composé en Latin par Erasme : et depuis traduict en Francoys à Lyon, chés Estienne Dolet, 1542.

Exhortation à la lecture de Sainctes Lettres : avec suffisante probation des docteurs de l'Eglise, qu'il est licite et nécessaire ycelles estre translatées e langue vulgaire : et mesmement en la françoyse. A Lyon, chés Estienne Dolet, 1542.

Les prières et oraisons de la Bible faictes par les Saincts Pères, tant du Vieil que du Nouveau Testament. A Lyon, Dolet, 1542

Livre de la Compaignie des Pénitens. Contenant l'ordre de recepvoir un Novice. matines de la Vierge Marie, l'office du dimanche, lundy et jeudy, l'office du mardy et vendredy, l'office du mercredy et sabmedy, Prime, Sexte, Tierce, None, Vespres et Complie de Nostre Dame, Mutation de l'office de l'Advent : Psalmes des degrez : Psalmes Pénitentiaux : L'office des morts ; les offices des mercredy, jeudy et vendredy sainct : Hymnes de l'année : Commémoration des dimanches et des saincts. Lyon, Estienne Dolet, 1542.

La Fontaine de Vye. Lyon, Dolet, 1542.

Les Épistres Familiaires de Marc Tulle Cicero, père d'éloquence Latine. Nouvellement traduictes de Latin en Françoys par Estienne Dolet, natif d'Orléans. Avec leurs sommaires et arguments pour plus grande intelligence d'ycelles. Lyon, Estienne Dolet, 1542.

La plaisante et joyeuse histoyre du Grand Geant Gargantua. Prochainement reveu et de beaucoup augmentee par l'autheur mesme. Lyon, Estienne Dolet, 1542.

Les œuvres de Clément Marot de Cahors, valet de chambre du Roy, augmentées d'ung grand nombre de ses compositions nouvelles par cy devant non imprimées. Le tout soigneusement par luy mesme reveu, et mieulx ordonné comme l'on voyra cy apres. A Lyon, Estienne Dolet, 1542.

L'Enfer de Clément Marot de Cahors en Quercy, valet de chambre du Roy. Item aucunes ballades et Rondeaulx appartenants à larguments. Et en oultre plusieurs aultres compositions du dict Marot par cy-devant non-imprimées. Lyon, Estienne Dolet 1542.

L'amie de Court. Nouvellement inventée par le Seigneur de la Borderie. Lyon, Estienne Dolet, 1542.

La Parfaite Amye. Nouvellement composée par *Antoine Heroet dict la Maison Neufve.* Avec plusieurs aultres compositions du dict autheur. Lyon, Estienne Dolet, 1542 et 1543.

Du Mespris de la Court et de la louange de la vie Rustique. Nouvellement traduict d'Hespaignol en Françoys. Lyon, Estienne Dolet, 1542.

Cry de la guerre ouverte entre le roy de France et l'Empereur Roy des Hespaignes. Et ce à cause des grandes exécrables, estranges injures cruaultez et inhumanitez, desquelles le dict Empereur a usé envers le Roy et mesmement ambassadeurs : à cause aussi des pays, qu'il luy détient et occupe indeument et envers ses injustement. Lyon, Estienne Dolet, 1542

Discours contenant le seul et vray moyen par lequel ung serviteur favorisé et constitué au service d'ung prince, peult conserver sa félicité éternelle et temporelle, et éviter les choses que lui pourroyent l'une ou l'aultre faire perdre. Lyon, Estienne Dolet, 1542.

La Chirurgie de *Paulus Ægineta* nouvellement traduicte de Grec en Francoys. Lyon, Estienne Dolet, 1542.

Des Tumeurs oultre le coustumier de Nature. Opuscule nouvellement traduict du Grec en Latin : et de Latin en Françoys. Lyon, Estienne Dolet, 1542.

Deux Livres des simples de *Galien.* C'est asscavoir, Le cinquiesme, et la neufviesme. Nouvellement traduicts de Latin en Francoys par Monsieur Maistre Jehan Canappe, docteur en médecine. Lyon, Estienne Dolet, 1542.

Prologue et chapitre singulier de très excellent docteur en médecine et chirurgie Maistre Guidon de Gauliac. Le tout nouvellement traduict et illustré de commentaires par Maistre Jehan Canappe, docteur en médecine et lecteur public des chirurgiens. Lyon, Estienne Dolet, 1542.

Le Livre des Presaiges du Divin Hippocrate divisé en troyes parties. Item la protestation que le dict Hyppocrates faisoit faire à ses disciples. Le tout nouvellement translaté par Maistre Pierre Vernei, docteur en médecine. Lyon, Estienne Dolet.

Tables anatomiques du corps humain universel, soit de l'homme ou de la femme. Premièrement composée en Latin par Maistre *Loys Vassei*; et depuis traduictes en Francoys, par Maistre Jehan Canappe. Lyon, Estienne Dolet, 1542.

Les Questions Tusculanes de M. T. Ciceron. Œuvre tres utile et nécessaire pour résister à toute vitieuse passion d'esprit; et parvenir au mespris et contemnement de la mort. Nouvellement traduict de Latin en Francoys par Estienne Dolet, natif D'Orléans. Lyon, Estienne Dolet, 1543.

Les Gestes de Françoys de Valois, Roy de France. Dedans lequel œuvre on peult congnoistre tout ce qui a esté faict par les Francoys depuis l'an mil cinq cents treize jusque en l'an mil cinq cents quarante et troys. Premièrement composé en Latin par Estienne Dolet; et après par luy mesmes translaté en Langue Françoyse. Lyon, Estienne Dolet, 1543.

Les Louanges du sainct nom de Jesus par Victor Brodeau, plus une Epistre d'ung pescheur à Jesus-Christ faicte par le dict Brodeau. Lyon, Estienne Dolet, 1544.

www.ingramcontent.com/pod-product-compliance
Lightning Source LLC
Chambersburg PA
CBHW060712050426
42451CB00010B/1395